BEI GRIN MACHT SICH
WISSEN BEZAHLT

- Wir veröffentlichen Ihre Hausarbeit,
  Bachelor- und Masterarbeit

- Ihr eigenes eBook und Buch -
  weltweit in allen wichtigen Shops

- Verdienen Sie an jedem Verkauf

Jetzt bei www.GRIN.com hochladen
und kostenlos publizieren

Sarah Müller

Reflexive Inszenierungen in Helge Schneiders Filmen "Texas – Doc Snyder hält die Welt in Atem" und "00 Schneider – Jagd auf Nihil Baxter"

GRIN Verlag

Bibliografische Information der Deutschen Nationalbibliothek:

Die Deutsche Bibliothek verzeichnet diese Publikation in der Deutschen National-
bibliografie; detaillierte bibliografische Daten sind im Internet über http://dnb.d-
nb.de/ abrufbar.

Impressum:

Copyright © 2012 GRIN Verlag GmbH
Druck und Bindung: Books on Demand GmbH, Norderstedt Germany
ISBN: 978-3-656-25031-9

Dieses Buch bei GRIN:

http://www.grin.com/de/e-book/198546/reflexive-inszenierungen-in-helge-schnei-
ders-filmen-texas-doc-snyder

GRIN - Your knowledge has value

Der GRIN Verlag publiziert seit 1998 wissenschaftliche Arbeiten von Studenten, Hochschullehrern und anderen Akademikern als eBook und gedrucktes Buch. Die Verlagswebsite www.grin.com ist die ideale Plattform zur Veröffentlichung von Hausarbeiten, Abschlussarbeiten, wissenschaftlichen Aufsätzen, Dissertationen und Fachbüchern.

Besuchen Sie uns im Internet:

http://www.grin.com/

http://www.facebook.com/grincom

http://www.twitter.com/grin_com

Reflexive Inszenierungen in Helge Schneiders Filmen Texas – Doc Snyder hält die Welt in Atem und 00 Schneider – Jagd auf Nihil Baxter

Inhaltsverzeichnis

1. Einleitung

Die vorliegende Arbeit entstand im Rahmen des Seminars *Medien und Formate von Inszenierungen*. Ziel des Seminars war es, unterschiedliche Formen von reflexiven Inszenierungen zu ermitteln und zu analysieren. Als reflexiv werden Inszenierungen bezeichnet, welche ihren eigenen Inszenierungscharakter thematisieren und ausstellen, bzw. sich ihrem Darbietungs-Charakter gewahr werden.

Gegenstand dieser Untersuchung sind Helge Schneiders Filme *Texas – Doc Snyder hält die Welt in Atem* und *00 Schneider – Jagd auf Nihil Baxter*. Anhand dieser beiden Beispiele sollen Szenen reflexiver Inszenierung beleuchtet werden, um ferner ihre Bedeutung für die Humorrezeption in Schneiders Werk zu ermitteln. Wo liegt bei Helge Schneider die Grenze zwischen Improvisation und Absicht? Um diese Fragen weitreichend beantworten zu können, bedarf es sicherlich einer umfassenden Auseinandersetzung mit Schneiders Gesamtwerk. Diese Arbeit stellt den Versuch an, anhand zweier Filmbeispiele herauszufinden, wie sich Schneiders Vorliebe für die Improvisation auf die Reflexivität ihrer Darbietung auswirkt und inwieweit sie für Schneiders Humorverständnis notwendig ist. Da der primäre Fokus dieser Arbeit auf den reflexiven Inszenierungen dieser beiden Filme liegt und die inhaltliche Filmanalyse für diese Untersuchung irrelevant ist, wird es jeweils lediglich eine kurze Zusammenfassung der Handlung geben.

Der eigentlichen Untersuchung werden einige in unserem Zusammenhang nennenswerte Informationen über die Person Helge Schneider vorangestellt, die seine künstlerischen Absichten und seine Arbeitsweise möglicherweise ein Stück weit beleuchten werden. Um die beschriebenen Szenen reflexiver Inszenierung greifbarer zu gestalten, sind   im Bildanhang Screenshots hinterlegt, um dem Leser die dargelegten Szenarien nahe zu bringen, bzw. ins Gedächtnis zurück zu rufen.

2. Zur Person Helge Schneider

Der Grund dafür, dass Schneider bevorzugt skurril wirkende Charaktere kreiert, lässt sich möglicherweise auch durch seine Familie erklären. Sein Vater war lediglich 1,50 m groß und hatte eine Buckel, die Mutter hinkte und seine stets präsente und prügelnde Tante watschelte.[1] Vor allem sind es reale Erlebnisse des Alltags, die den 1955 in Mühlheim an der Ruhr geborenen Künstler

---

[1] Vgl. **Schneider, Helge**: *Guten Tach. Auf Wiedersehen. Autobiographie, Teil I,* Kiepenheuer & Witsch,   Köln 1992, S. 34.

inspirieren. Seine fiktiven Charaktere beruhen zumeist auf tatsächlichen Vorbildern, die Schneider mit Vorliebe in Stehcafés beobachtete. „Ich bin jetzt seit über zwanzig Jahren Stammgast bei Eduscho oder Tschibo, in allen Städten, wo ich hinkomme, gehe ich dahin. (...) Die Bewegungen und Stimmen, vor allen die unglaublichen Gesprächsthemen, einfach klasse."[2] Die Komik im Alltäglichen zu finden, den ganz normalen Wahnsinn der facettenreichen menschlichen Natur zu erkennen und dies künstlerisch zu verarbeiten, ist maßgeblich für Schneiders Arbeit. Seine Auffassung von Humor widerspricht wohl dem, was ein Großteil der Gesellschaft als lustig empfindet. Über seinen Freund und Kollegen Charly Weiss sagt er: "Charly kann gut Witze erzählen, oft macht er sie selbst, sie haben gar keine Pointe und sind sehr sehr lang."[3] Die Absurdität der Situation besitzt für Schneider ein viel größeres Humorpotential , als ein Witz, der einzig dahingehend konstruiert wurde, um Gelächter zu evozieren. Beispielhaft dazu lässt sich eine Konversation zwischen Schneiders Mutter und seiner Tanten nennen: „Hast du die Haare selbst gemacht, Anneliese?" „Nein! Erna hat mir die Haare gemacht." „Ja, ich hab der Anneliese die Haare gemacht! Und mir selbst! Na? Wie hab ich das gemacht?" „Ganz prima, Erna!" „Ja! HERVORRAGEND! Der Kuchen ist auch lecker!" „Was macht Günter?" „Ich sach der Kuchen Anneliese, der Kuchen!" „Will noch jemand Kaffee?" „Günter hat schwarze Füße." „Lecker, der Kaffee!" „Will noch jemand Kaffee?" „Ich sach der Kuchen, Erna! DER KUCHEN!" (...).[4]

Die Gesprächspartner sprechen, ohne sich etwas zu sagen zu haben. Die Substanzlosigkeit dieser Unterhaltung steht stellvertretend für Schneiders Humorverständnis und zieht sich wie ein roter Faden durch sein künstlerisches Schaffen. Schneider hat ein Gespür für unfreiwillige Komik, bewusst widersetzt er sich der allgemein anerkannten Perfektionierungs- und Optimierungslogik.[5] Der Autor und Philosoph Jörg Seidel beschreibt Schneider als Genie der Mittelmäßigkeit, da er einen Typus verkörpert, der miserabel sein kann, weil er gut ist. Denn um das Ideal permanent verfehlen zu können, muss es bereits erreicht worden sein, vergleichbar mit dem Spielen einer absichtlich falschen Melodie, denn um sie falsch zu interpretieren, muss sie vollständig beherrscht werden. Während das wahre Mittelmaß nicht in der Lage ist, das Höchstmaß zu erreichen, hat das Genie des Mittelmaßes dies längst überschritten und kann deshalb die Anstrengung angehen, das

---

[2]   Schneider, Helge : *Guten Tach. Auf Wiedersehen. Autobiographie, Teil I,* Kiepenheuer & Witsch,   Köln 1992, S. 91.

[3]Ebd. S. 77

[4]Ebd. S. 31.

[5] Vgl. **Seidel, Jürgen**: *Helge Schneider und die Philosophie,* Focus Verlag, Giessen 2005, S. 134.

Maß zu unterbieten.[6] In der Rezeption Schneiders taucht seitens der Kritiker häufig der Begriff Nonsens auf. Doch der Künstler wehrt sich gegen Absolutierungen diese Art. „Die meisten Kritiker meinen, ich mache Nonsens. Aber das ist genau das falsche Wort dafür. Wenn ich behaupte, Quatsch zu machen, dann meine ich Spaß und Spaß bedeutet eben auch Ernst.[7]

3. Texas – Doc Snyder hält die Welt in Atem

3.1 Über den Film

Texas – Doc Snyder hält die Welt in Atem erschien 1993 und war der erste Kinofilm Helge Schneiders. Regie, Drehbuch, Hauptrolle und Musik übernahm der Künstler selbst. Die Low-Budget-Produktion spielt mit Klischees des Western-Genres, wie beispielsweise der Banküberfall, das Duell oder der Whiskey im Saloon. Dennoch lässt sich der Film nicht als Westernparodie klassifizieren, eher als Parodie von Westernparodien.[8] Die meisten Dialoge und Szenen wurden improvisiert, so verfolgt der Film keine konsequenten Plot.

3.2 Handlung

Nach jahrzehntelanger Abwesenheit kehrt Doc Snyder in seine Heimatstadt Texas zurück, um sich seine Schmutzwäsche von seiner Mutter waschen zu lassen. Auf dem Weg überfällt er eine Postkutsche und verliert dabei seinen Wäschesack. Der Revolverheld Nasenmann wird bei dieser Gelegenheit ausgeraubt und sinnt auf Rache; beim Zweikampf im Duell erliegt er jedoch Synder. Im Haus seiner Mutter erfährt Doc Snyder, dass sein Bruder Hank gehängt werden soll. Gemeinsam mit der Mutter gelingt es ihm, den Todgeweihten zu befreien. Zum Ende des Films überlappen sich die Zeitebenen. Kommissar 00 Schneider erscheint mit Assistent Körschgen. Die beiden fahren mit Blaulicht aus der Stadt Texas heraus, wobei sie Doc Snyder überfahren.

3.3 Reflexive Inszenierungen in Texas – Doc Snyder hält die Welt in Atem

Was bei gewöhnlichen Dreharbeiten dem Schnitt anheim fällt, wird im Film *Texas – Doc Snyder hält die Welt in Atem*[9] als dramaturgisches Element in die Erzählung übernommen. Das reflexive Moment der Inszenierung beginnt, als Doc Snyder auf seiner Mundharmonika zu spielen anfängt

---

[6]Ebd.

[7]**Schneider, Helge** in: **Seidel, Jürgen**: *Helge Schneider und die Philosophie*, Focus Verlag, Giessen 2005, S. 135.

[8] Vgl. **Seidel, Jürgen**: *Helge Schneider und die Philosophie*, Focus Verlag, Giessen 2005, S. 33.

[9]Der Lesbarkeit halber, wird der Filmtitel im Folgenden mit *Texas* abgekürzt.

und während der Schlussakkorde direkt in die Kamera blickt (00:06:10) [Abb. 01]. Da Doc Snyder in dieser Szene nicht in Interaktion mit einem weiteren Darsteller tritt und es sich somit nicht um eine Schuss-Gegenschuss[10] Einstellung handelt, wird der direkte Blickkontakt mit dem Zuschauer insofern reflexiv, als dass die Darbietung sich ihrer selbst gewahr wird. In der darauffolgenden Szene nimmt Doc Synder eine Gitarre in die Hand und spielt das Instrument tanzend auf der Veranda seines Elternhauses. Er bewegt sich aus dem Bühnenbild heraus, bis ein Lattenzaun zu erkennen gibt, dass es sich nicht mehr um die eigentliche Filmkulisse handelt. Er bemerkt dies erst einige Sekunden später und kommentiert: *„Oh, die Wand. Scheiße."* (00:07:02) [Abb. 02] Ob das Austreten aus dem Filmset tatsächlich ein Versehen war oder bewusst eingeplant war, bleibt ungewiss.

Eine weitere reflexive Inszenierung findet sich kurz darauf. Doc Snyder betrachtet ein Plastikhuhn, das über einem Lagerfeuer schmort (00:09:57) [Abb. 03]. In der nächsten Einstellung kommt ein junger Mann im Anzug mit einer E-Gitarre ins Bild (00:12:08) [Abb. 04]. Er wirkt wie ein Set-Assistent, der sich für den Kameraauftritt in Schale geworfen hat, da sein Outfit nicht zu den sonstigen Kostümen passt. Der junge Mann hängt Doc Snyder die Gitarre um, woraufhin dieser zu improvisieren beginnt. Die Reflexivität kommt dadurch zum Tragen, dass der Assistent die Gitarre nicht in die Szene hätte bringen müssen. Das Instrument hätte auch vorher ins Bildgeschehen integriert werden können, ähnlich wie die Gitarre, die auf der mütterlichen Veranda ebenfalls an der Fassade befestigt war.

Schneider wendet sich nochmals eindeutig an den Zuschauer, er spricht sogar in die Kamera (00:22:39) [Abb. 05]: *"Guten Tach, mein Name ist 00 Schneider (...)"*. Diese Szene besitzt eine parodierenden Dokumentations-Charakter, da Doc Snyder den Zuschauer über seine Person und seine Mission unterrichtet. Reflexiv an dieser Szene ist, dass sie wie ein Outtake[11] wirkt, dass spaßeshalber in einer Drehpause gefilmt wurde, aber dennoch in den Film integriert wurde. Ein weiteres Indiz ist, dass diese Szene zwischen zwei Szenen eingebaut wurde, in denen Docs Mutter ihrer zweiten Sohn Henk im Gefängnis besucht. Demnach besitzt die Ansprache Doc Snyders keine dramaturgische Relevanz für den Film; hätte man sie entfernt, wäre gleichwohl ein nahtloser Übergang gewährleistet. Diese Taktik wird im Verlauf des Filmes ein weiteres Mal aufgegriffen (01:09:07) [Abb. 06] Schneider spricht nach einem Erdbeben in die Kamera: *"Ein Erdbeben ist eine*

---

[10](engl. Shot-Reverse-Shot): Gebräuchliche Filmschnitt-Technik, bei der Dialogpartner abwechselnd gezeigt werden.

[11]Zumeist humorvolles Filmmaterial, das in der Regel nicht im Film verwendet wird.

wunderschöne Sache, wenn man nicht dabei ist. Die Menschen, die hier jetzt umgekommen sind, kenn ich kaum, denn ich, euer Kommissar 00 Schneider, komme ja aus einer anderen Zeit. Aus der Zeit der Twilight Zone. Ein Erdbeben ist deswegen so gefährlich, weil es eventuell auch Nachbeben gibt."

Weiterhin ist die absichtliche Präsentation von Attrappen als reflexiv zu bezeichnen. Die Szene, in der Doc Synder einen Spielzeug-Wellensittich in der Hand hält (00:52:09) [Abb. 07], folgt direkt nach einer Einstellung, in der ein echtes Tier gezeigt wird (00:51:21) [Abb. 08]. Die Identifikation des Spielzeugs wird auf den ersten Blick ersichtlich, seine Erscheinung entpuppt ihn in ostentativer Weise als Kuscheltier. Es wird demnach gar nicht erst der Versuch gestartet, dem Zuschauer die Illusion von Authentizität zu vermitteln. Der Witz entsteht durch den gewollten Dilettantismus. Die Inszenierung wird sich insofern ihrer selbst bewusst, als dass sie Trickelemente entlarvt, anstatt sie möglichst wirkungsvoll zu kaschieren.

Ähnlich verhält es sich mit dem manipulierten Revolver, den der Nasenmann (00:57:56) [Abb. 09] an seiner eigenen Hand auf seine Funktion hin überprüft. Die Waffe, die erst nach einigen Fehlzündungen eine Kugel abfeuert, sprengt dem Nasenmann den linken Mittelfinger weg. Doch auch in dieser Szene entpuppt sich die Hand als offensichtliche Attrappe. Ebenso hier fungiert der beabsichtigte Dilettantismus als Humorträger, da die Hand des Nasenmannes in späteren Szenen unversehrt ist. Die Komik hat eine ähnliche epistemologische Struktur wie die List. Die Unwissenheit des Listopfers steht der Überlegenheit des Listanwenders gegenüber.[12] So ist der Zuhörer oder Betrachter am Schluss so reich wie der Listanwender; er lacht über die epistemologische Armut des Listopfers, weil er denkt, er sei klüger als dieser. Die Freude in diesem Beispiel liegt darin, dass sich der Rezipient der eingeschränkten Sicht der Dinge des Gegenspielers (des Listopfers) bewusst ist und infolgedessen glaubt , er sei gescheiter als er.[13] Die Schadenfreude über die unüberlegte Handlung des Nasenmannes zeigt, dass der erkenntnisreichere Rezipient immer über den Dümmeren lacht. Die eindeutige Attrappe der Hand unterstützt zusätzlich als reflexives Element die Komik der absurden Situation.

Der forcierte Makel schlägt sich auch in der Erscheinung von Doc Synders Mutter (gespielt von Andreas Kunze) nieder. Helge Schneider verzichtet darauf, Kunze mit weiblichen Attributen auszustatten. Zwar trägt der Schauspieler eine Perücke und ein Kleid, doch spricht er in männlichen

---

[12]Vgl. **Schwarz, Alexander** (Hrsg.): *Bausteine zur Sprachgeschichte der deutschen Komik*, Verlag Olms, Hildesheim 2000, S. 123.

[13]Vgl. Ebd.

Tonfall und tritt in einem geradezu übertriebenen virilen Habitus auf (00:04:45) [Abb. 10].

Schneider sagte über Andreas Kunze, er sei der einzige Schauspieler, der überzeugend in eine Frauenrolle schlüpfen könne, indem er gar nicht erst versucht, eine weibliche Rolle zu spielen, sondern sich selbst in seiner Weiblichkeit auszuleben versucht.[14]

Schneiders Reflexivität drückt sich jedoch auch durch die Vermischung von Zeitebenen aus. Ein Telefonklingeln bildet den Übergang zwischen zwei Szenen; Doc Snyder zu Pferd wird gefolgt von einer Einstellung, in der ein Telefon auf einem Armaturenbrett befestigt ist (01:20:23) [Abb. 11]. Am Steuer des Peugeot sitzt Doc Snyder, auf dem Beifahrersitz Helmut Körschgen, der am Telefon mit „Hier Kommissar Schneider" antwortet und dann den Hörer an Snyder weiterreicht. Körschgen fragt den Kommissar nach Blaulicht und als dieser die Frage bejaht, richtet sich Körschgen an die Kamera und sagt: *"Blaulicht!"* (01:20:55) [Abb. 12]. Mit quietschenden Reifen fahren die beiden los und der Zuschauer sieht die Rückwände der Kulissen, als sie die Stadt verlassen. Trotz der ansonsten recht authentischen Western-Atmosphäre integriert Schneider Elemente des technischen Zeitalters in die historische Umgebung. Wie bereits in der vorigen Szene, als Schneider aus der Kulisse heraus tanzt und plötzlich vor einem Lattenzaun steht, wird die dargebotene Funktion der Kulisse zum Ausdruck der reflexiven Inszenierung.

4. 00 Schneider – Jagd auf Nihil Baxter

4.1 Über den Film

00 Schneider – Jagd auf Nihil Baxter kam 1994 in die Kinos. Helge Schneider schrieb das Drehbuch der Komödie unter dem Synonym Brötchen, zudem spielte er die Musik ein, führte Regie und spielte sowohl Haupt- als auch Nebenrollen; die Kamera führte Christoph Schlingensief. Hauptdrehorte waren Schneiders Heimatstadt Mühlheim an der Ruhr und Gelsenkirchen.

4.2 Handlung

Im Apollo Zirkus wird der Clown Metulskie erschlagen aufgefunden. Der eigentlich pensionierte Kommissar 00 Schneider soll mit seinem Assistenten Körschgen den Mörder ausfindig machen. Die Spur führt die beiden Ermittler zu dem eigenwilligen Kunstsammler Nihil Baxter. Dieser   hat Metulski ein Auto abgekauft hat – unwissend, dass dieses kaputt ist. Um sich ein Alibi zu verschaffen, malt Baxter ein Gemälde, das einen Kirchturm mit dem Datum der Tat zeigt. Doch Schneider und Körschgen finden heraus, dass eben dieser Kirchturm in Wirklichkeit keine

---

[14] Vgl. **Seidel, Jürgen**: *Helge Schneider und die Philosophie*, Focus Verlag, Giessen 2005, S. 34.

Datumsanzeige besitzt. Nachdem Baxter eine Skulptur in der Praxis von Dr. Hasenbein klaut, will er nach Rio de Janeiro flüchten, doch Kommissar Schneider ist ebenfalls mitsamt eines Ermittlerteams inkognito an Bord, um ihn zu überführen.

4.3 Reflexive Inszenierungen in 00 Schneider – Jagd auf Nihil Baxter

Die Verkleidung Kunzes als Tiger im Gehege des Apollo Zirkus darf als erste reflexive Inszenierung in *00 Schneider – Jagd auf Nihil Baxter*[15] gedeutet werden (00:02:38) [Abb. 13]. Die Kostümierung ist offensichtlich und stellt keinerlei Anspruch an *Authentizität. Die Reflexivität wird im Verlauf des Films nochmals verstärkt, indem der Kommissar das laute Aufstoßen des „Tigers" dahingehend kommentiert, als dass er sich an seine Frau erinnert fühlt (00:34.51) [Abb. 14]. Das Kostüm lässt das Gesicht des Darstellers frei. Kennt man Schneiders Filme, so wird augenblicklich klar, dass wir Kunze auch in 00 Schneider wieder in Frauengarderobe erleben dürfen. Anders als in Texas, trägt Kunze in der Rolle als Ehefrau des Kommissars seine Brust gepolstert und spricht in einer deutlich höheren Tonlage. Dass er dadurch keineswegs weiblicher erscheint, ist durchaus beabsichtigt. „In der Phantasie geht alles" proklamierte Schneider zuvor bereits in Texas und diese Aussage kann auch als Leitmotiv der Komik in 00 Schneider verstanden werden.*

Die Inszenierung wird sich ihrer selbst auch in dem Moment bewusst, als Assistent Körschgen während der Autofahrt einige Sekunden fragend in die Kamera blickt (00:31:27) [Abb. 15]. Diese Szene wirkt beinah so, als hätte Schlingensief Körschgens Unsicherheit provoziert. Die Kamera zeigt das Ermittlergespann zunächst aus verschiedenen Kamerawinkeln, bis sie schließlich auf Körschgen für einen Moment zum Ruhen kommt. Körschgens irritierter Blick und seine nicht zu benennende Daumengeste kommunizieren direkt mit der Kamera; somit inszeniert sich die Kamera selbst, indem sie ihre Rolle als agierendes Element präsentiert.
Die teilweise suspekten Drehorte, amüsieren ebenso Schneider selbst, der Zuschauer bekommt auch die Szenen zu sehen, in denen er sich nicht mehr zusammenreißen kann. Schneider muss einen Lachanfall unterdrücken, als er in einem Naturkundemuseum einen Neandertaler in zeitgenössischer Kleidung sieht (00:36:48) [Abb. 16]. Auch achtet er darauf, dass seine Pfeife als Accessoire stets gut zu erkennen ist. Als sich ein zum Leben erweckter Urzeitmann auf die Flucht begibt, nehmen Schneider und Körschgen die Verfolgung auf. Der Auferstandene hüpft über die Terrasse eines Cafés, woraufhin sich sämtliche Gäste von ihren Stühlen erheben. Die

---

[15]Der Lesbarkeit halber, wird der Filmtitel im Folgenden mit *00 Schneider* abgekürzt.

Choreographie der Café-Besucher, die sich fast zeitgleich von ihren Stühlen erheben, sowie die Spannungssteigerung der Musik erinnern an einen Musicalfilm (00:38:50) [Abb. 17]. Körschgen der sich nach der Verfolgungsjagd erschöpft zu Boden legt und Schneider, der vor dem Eingang des Cafés steht, erwecken mit der stehenden Kundschaft im Hintergrund eher den Eindruck eines Bühnenauftritts, weniger den eines Filmset. Ein weiteres Beispiel für in den Film übernommene Lachanfälle ist die Szene, in der Kommissar Schneider den im Krankenhaus liegenden Körschgen mit einem Auftritt von Johnny Flash überraschen will (01:01:36) [Abb. 18]. Dieser, ebenfalls von Helge Schneider gespielt, betritt das Krankenzimmer und stimmt ein Lied auf seiner Gitarre an. Bereits nach den ersten Textzeilen, kann er das Lachen nicht mehr unterdrücken und sagt: „Ich komm nochmal rein, also..., das kann ich anbieten." Bei dieser Aussage bleibt zweifelhaft, ob sie sich an das Filmteam oder an Körschgen richtet. Beim zweiten Versuch kann er den Lachanfall etwas länger hinauszögern, doch die sonderbare Situation bringt Schneider dazu, nochmals von vorne zu beginnen.

„Das Lachen ist ein Affekt aus der plötzlichen Verwandlung einer gespannten Erwartung in nichts."[16] Kants Definition des Lachens in seiner Kritik der Urteilskraft trifft den Kern der aus der Situation resultierenden Komik; wir als Zuschauer lachen, weil wir etwas erwarten, das dann (noch) nicht eintritt. Auf die Spitze getrieben wird das Szenario, als die Performance zusätzlich durch plötzlich einsetzendes Scheinwerferlicht und Kunstnebel dramatisiert wird.

Nicht nur der mehrfach verpatzte Auftritt weist auf eine reflexive Inszenierung hin, sondern auch die rote Aktentasche, die Johnny Flash vor dem Anspielen der Akkorde demonstrativ hochhält und dann fallenlässt. Er hebt die Tasche nicht auf, doch hat er sie beim erneuten Betreten des Zimmers wieder in der Hand. Dieser äußerst offensichtliche Movie-Mistake kann als intentional gedeutet werden, da die Tasche ein Accessoire ist, das keine dramaturgische Notwendigkeit besitzt und der Nonsense-Charakter des „Tasche-Präsentierens" zusätzlich durch die filmische Fehlerhaftigkeit unterstrichen wird. Diese – aus rein professionell gesehener Perspektive - misslungenen Szenen, die in konventionellen Filmproduktionen bestenfalls als sogenannte Outtakes für das Bonusmaterial einer DVD Verwendung finden, werden bei Schneider in der finalen Fassung präsentiert.

Szenen wie diesen merkt man an, dass sie 1:1 gedreht wurden. Schneiders Definition von

---

[16]**Gelfert, Hans-Dieter**: *Max und Monty – Eine kleine Geschichte des deutschen und englischen Humors*, Beck`sche Verlagsbuchhandlung, München 1998, S.12.

Perfektionismus ist einzig das Ehrliche und Auszuhaltende: „Ob eins zu eins oder vier zu eins –
Filmmaterial her und anfangen. Oft ist es aber dann schon beim ersten Mal soweit, das reicht dann.
Man darf nicht so pingelig sein, sonst macht das Arbeiten keinen Spaß mehr. "[17]

Auch die absichtliche Verwendung falscher Begrifflichkeiten, die Charly Weiss als Flugkapitän in
seine Begrüßungsrede einbaut, bringt die Darsteller dazu, ihre Beherrschung zu verlieren (01:18:50)
[Abb. 19]. Andreas Kunze, diesmal als Stewardess verkleidet, beginnt als Erster bei den Worten
„ Wir haben eine Geschwindigkeit von 56.658 Fuß Fahrenheit und einen Gleitwind von 480°... " zu
kichern. Als der Kapitän die Passagiere darüber informiert, dass zur Erfrischung eine Schatulle mit
sechs gelben Äpfeln bereitsteht, können sich auch die anderen Darsteller, die in dieser Sequenz als
Schneiders Undercover-Team fungieren, nicht mehr zusammenreißen; ihre zuckenden Oberkörper
verraten den Versuch, ein lautstarkes Lachen zu unterdrücken. Auch die Tatsache, dass der Kapitän
seine Ansprache mit den Worten „Es empfiehlt sich ihr Kapitän Charly Weiss" abschließt, zeugt für
eine reflexive Inszenierung, da er seinen bürgerlichen Namen anstelle eines Filmnamens benutzt.

Über das Lachen als Gruppenphänomen hat sich auch der französische Philosoph Henri Bergson
geäußert. In seinem 1900 erschienenen Essay *Le Rire* schreibt er: „Unser Lachen ist immer das
Lachen einer Gruppe".[18] Für Bergson ist die natürliche Umgebung des Lachens die Gesellschaft,
die
soziale Bedeutung des Lachens muss folglich den verschiedenen Forderungen der Gesellschaft
entgegenkommen. Das Lachen der Darsteller im Cockpit wird durch die Wortwahl des Kapitäns
hervorgerufen und gemäß des Sprichworts „Lachen ist ansteckend" erweist sich Bergsons
Äußerung
in dieser Szene als zutreffend, da das Lachen innerhalb der Gruppenkonstellation an den sozialen
Anspruch eines kollektiven Spaßerlebnisses gebunden ist.

5. Fazit

Für Helge Schneider ist filmische Improvisation vergleichbar mit der musikalischen Improvisation.
Schneider kommt es auf den Rhythmus an, sowohl im Film als auch in der Musik. Er braucht weder
Noten noch filmtheoretische Grundlagen, um das von ihm angestrebte Resultat zu erlangen.[19]

---

[17] Vgl. **Seidel, Jürgen**: *Helge Schneider und die Philosophie*, Focus Verlag, Giessen 2005, S. 35.

[18] **Bergson, Henri**: *Le Rire – Essai sur la Signification du Comique*, Alcan Verlag, Paris 1900 S. 6 ff.

[19] Vgl. **Helge Schneider interviewt von Christoph Schlingensief 2/3**

Schneider arbeitet in seinem Filmen ohne fertiges Drehbuch. Improvisation, Spontaneität und die dilettantische Darbietung seiner (Laien-)Darsteller geben seinen Filmen die typische Handschrift. So urteilt auch das Lexikon des internationales Films über *00 Schneider – Jagd auf Nihil Baxter*: „ (…) Ein neuerlicher Versuch des Anti-Entertainers Helge Schneider, seine höchst zweifelhaften Talente auf der Leinwand zu demonstrieren, diversen Laien Gelegenheit zu abstrusen Auftritten zu geben und nebenbei gegen alle Regeln des Filmhandwerks zu verstoßen. Die "Kunst" des Dilettierens erreicht neue Höhen respektive Tiefen - eher eine Verweigerung als ein Film."[20] Die Verweigerung der Perfektion ist gleichsam charakteristisch wie unabdingbar für Schneiders Arbeitsweise. Über den Film *Texas* äußert sich Georg Seeßlen: „Der so ziemlich schrägste aller komischen Western [...]. In seiner typischen Verweigerungskomik erzählt Helge Schneider von einem Westen, in dem immer was los ist, man weiß nur nicht genau was."[21]

Da die Improvisation ein wichtiges Element in Helge Schneiders Filmen ist, lässt sich nicht immer mit Gewissheit sagen, ob die reflexive Inszenierung in *Texas – Doc Snyder hält die Welt in Atem* und *00 Schneider – Jagd auf Nihil Baxter* Zufall oder konzeptionelle Absicht ist. Konzeptionell ist selbstverständlich die Verwendung von Attrappen und Kostümen, wie es an den Beispielen des Tigerkostüms, des Plüsch-Wellensittichs und der falschen Hand des Nasenmannes deutlich wurde. In den Szenen, in denen Helmut Körschgen in die Kamera schaut, bleibt jedoch ungeklärt, ob der Blick von Schneider instruiert wurde oder eine Geste der Ratlosigkeit des Darstellers ist.

Ganz offensichtlich spielt Schneider in seinen Darbietungen mit Strategien der Parodie. Parodistische Strategien haben keine witztechnische Pointe, sondern arbeiten mit Modulationen von Bekanntem.[22] Dies wird unter Anderem an der Rolle des Nihil Baxter verdeutlicht. Schneider verkörpert Baxter als exzentrischen Kunstsammler, der allein in einer extraordinären Villa lebt und keinerlei soziale Kontakte hegt. Die starke Übertreibung in der Charakter-Inszenierung Baxters ist ein parodistisches Element, dass vom Betrachter als witzig aufgefasst wird. So wird der schier grenzenlose Wert einer zerbrochenen „Skulptur aus dem Jahre 1" dadurch bagatellisiert, dass Baxter noch weitere identische Exemplare besitzt. Helge Schneider karikiert dadurch die Qualität und den Wert von Kunstwerken, vielleicht sogar als Selbstverweis auf die eigene Arbeit.

---

http://www.youtube.com/watch?v=GveX-UT6awQ

[20] **Lexikon des internationalen Films** (CD-ROM-Ausgabe), Systhema, München 1997

[21] **Georg Seeßlen**: *Geschichte und Mythologie des Westernfilms*, Rowohlt Verlag, Marburg 1995, S. 193ff.

[22] **Schwarz, Alexander** (Hrsg.): *Bausteine zur Sprachgeschichte der deutschen Komik*, Verlag Olms, Hildesheim 2000, S. 173.

Die reflexiven Inszenierungen in *Texas* und *00 Schneider* sind insofern für Schneiders Humorverständnis ausschlaggebend, als dass es Schneider nicht um die Pointe geht. Die Komik entsteht aus der Situation heraus, das Lustige muss nicht durch eine Pointe provoziert werden, da es der Inszenierung in ihrer Absurdität bereits innewohnt. Wenn wir uns das Beispiel des Gesprächs von Schneiders Mutter und seinen Tanten noch einmal ins Gedächtnis rufen, wird deutlich, warum Helge Schneider so häufig auf das Aneinanderreihen unzusammenhängender Sachverhalte zurückgreift. Das Gespräch am Kaffeetisch ist deswegen komisch, weil es real ist und die Gesprächspartner sich ihrer eigenen Komik nicht bewusst sind. In fast allen Formen des Humors steckt etwas vom Wesen der Karikatur.[23]

Helge Schneider berichtet in seiner Autobiografie von einem schlechten Witz, den er seinem Freund Charly Weiß am Telefon erzählte, woraufhin dieser einen Lachanfall bekam, der seines Gleichen sucht. „(...) Er hat eine ganze Stunde so gelacht, dass er fast gestorben ist. Auch ich musste natürlich lachen, es geht gar nicht um den Witz, der war total scheiße, die ganze Situation ist bescheuert, daß (sic!) man über so einen Witz lacht, ist total lustig."[24] Schneiders Definition von Komik basiert stets auf der Situation. Daher ist die Reflexivität nicht zwangsläufig ein notwendiges Instrument, um den Humor in Schneiders Werk zu rezipieren. Die reflexiven Inszenierungen in den hier untersuchten Filmen wirken unterstützend, sie unterstreichen oder überdehnen die situative Absurdität, die für Schneiders Arbeit maßgeblich ist.

---

[23] **Zijderveld, Anton C.**: *Humor und Gesellschaft*, Verlag Styria, Graz 1971, S. 16.

[24] Schneider, Helge : *Guten Tach. Auf Wiedersehen. Autobiographie, Teil I,* Kiepenheuer & Witsch, Köln 1992, S. 77.

6. Quellenverzeichnis

Bergson, Henri: *Le Rire – Essai sur la Signification du Comique*, Alcan Verlag, Paris 1900.

Gelfert, Hans-Dieter: *Max und Monty – Eine kleine Geschichte des deutschen und englischen Humors*, Beck'sche Verlagsbuchhandlung, München 1998.

Seeßlen, Georg : *Geschichte und Mythologie des Westernfilms*, Rowohlt Verlag, Marburg 1995.

Seidel, Jürgen: *Helge Schneider und die Philosophie*, Focus Verlag, Giessen 2005.

Schneider, Helge : *Guten Tach. Auf Wiedersehen. Autobiographie, Teil I,* Kiepenheuer & Witsch, Köln 1992.

Schwarz, Alexander (Hrsg.): *Bausteine zur Sprachgeschichte der deutschen Komik*, Verlag Georg Olms, Hildesheim/Zürich/New York 2000.

Zijderveld, Anton C.: *Humor und Gesellschaft – Eine Soziologie des Humors und des Lachens*, Verlag Styria, Graz 1971.

Lexikon des internationalen Films (CD-ROM-Ausgabe), Systhema, München 1997.

Helge Schneider interviewt von Christoph Schlingensief 2/3
http://www.youtube.com/watch?v=GveX-UT6awQ (Stand: 04/2012).

Texas - Doc Snyder hält die Welt in Atem, R: Helge Schneider; Huettner, Ralf, Senator Film Produktion GmbH, München 1993.

00 Schneider - Jagd auf Nihil Baxter, R: Helge Schneider, Senator Film Produktion GmbH, München 1994.

7. Bildanhang

Abb. 01

Texas – Doc Snyder hält die Welt in Atem

1993

(00:06:10)

Abb. 02

Texas – Doc Snyder hält die Welt in Atem

1993

(00:07:02)

Abb. 03

Texas – Doc Snyder hält die Welt in Atem

1993

(00:09:57)

Abb. 04

Texas – Doc Snyder hält die Welt in Atem

1993

(00:12:08)

Abb. 05

Texas – Doc Snyder hält die Welt in Atem

1993

(00:22:39)

Abb. 06

Texas – Doc Snyder hält die Welt in Atem

16

1993

(01:09:07)

Abb. 07
Texas – Doc Snyder hält die Welt in Atem
1993

(00:51:21)

Abb. 08
Texas – Doc Snyder hält die Welt in Atem
1993

(00:52:09)

Abb. 09

Texas – Doc Snyder hält die Welt in Atem
1993

(00:57:56)

Abb. 10
Texas – Doc Snyder hält die Welt in Atem
1993

(00:04:45)

Abb. 11
Texas – Doc Snyder hält die Welt in Atem
1993

(01:20:23)

Abb. 12

Texas – Doc Snyder hält die Welt in Atem

1993

(01:20:55)

Abb. 13

00 Schneider – Jagd auf Nihil Baxter

1994

(00:02:38)

Abb. 14

00 Schneider – Jagd auf Nihil Baxter

1994

(00:34.51)

Abb. 15

00 Schneider – Jagd auf Nihil Baxter

1994

(00:31:27)

Abb. 16

00 Schneider – Jagd auf Nihil Baxter

1994

(00:36:48)

Abb. 17

00 Schneider – Jagd auf Nihil Baxter

1994

(00:38:50)

Abb. 18

00 Schneider – Jagd auf Nihil Baxter

1994

(01:01:36)

Abb. 19

00 Schneider – Jagd auf Nihil Baxter

1994

(01:18:50)

9 783656 250319